Jo-Jo

Sprachbuch 2
Grundschule Bayern

Sprachförderheft

Erarbeitet von

Olga Brinster, Gersthofen

Unter Beratung von

Enno Hörsgen, Langerringen
Dr. Klaus Metzger, Gersthofen
Dr. Helga Rolletschek, Brunnthal
Prof. Dr. Angelika Speck-Hamdan, München

Jo-Jo

Sprachbuch 2
Grundschule Bayern
Sprachförderheft

Erarbeitet von	Olga Brinster, Gersthofen
Unter Einbeziehung der Ausgabe von	Monika Budke, Anne Goecke, Gabriele Woitalla, Marion Wolf
Redaktion	lüra – Klemt & Mues GbR, Wuppertal
Bildredaktion	Helene Schopohl
Illustrationen	Susann Hesselbarth, Leipzig; Gabriela Silveira, München
Umschlagillustration	Sylvia Graupner, Annaberg-Buchholz
Layoutkonzept	Heike Börner, Berlin
Technische Umsetzung	buchetage – Ines Kalwert & Martin Walsh, Berlin

www.cornelsen.de

1. Auflage, 1. Druck 2015

Alle Drucke dieser Auflage sind inhaltlich unverändert
und können im Unterricht nebeneinander verwendet werden.

Druck: Himmer AG, Augsburg

ISBN 978-3-06-083613-0

PEFC
PEFC/04-31-1549

PEFC zertifiziert
Dieses Produkt stammt aus nachhaltig bewirtschafteten Wäldern und kontrollierten Quellen.

www.pefc.de

Inhalt

Ich – Du – Wir

1 Beantworte die Fragen.

Wer liest die Regeln vor?

Die Lehrerin liest die Regeln vor.

Wer malt einen Luftballon?

__________ malt einen Luftballon.

Wer schaut auf die Uhr?

__________ schaut auf die Uhr.

Wer trägt eine rote Brille?

__________ trägt eine rote Brille.

2 Beantworte die Frage. Schreibe einen Satz.

Was steht am Fenster?

____

____

● die Lehrerin

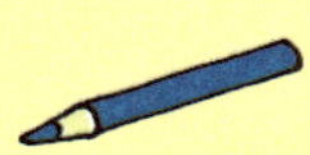
● der Stift

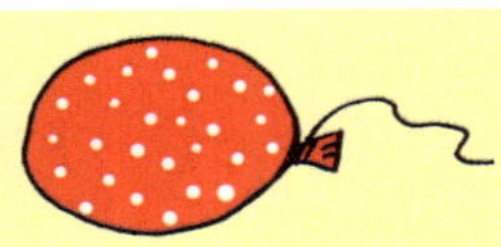
● der Luftballon

● die Uhr

● die Brille

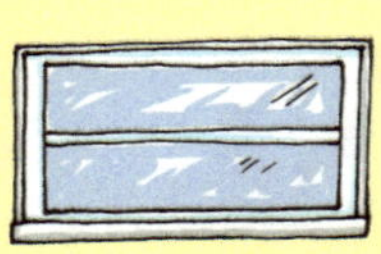
● das Fenster

● die Pflanze

● die Tafel

Wir lernen und üben gemeinsam

1 Wie lernen und üben die Partnerkinder?
Ergänze die Regeln.

~~ausreden~~ | helfen | erklären | besprechen

Wir lassen uns ausreden.

Wir ______ schwierige Stellen.

Wir ______ uns gegenseitig.

Wir ______ uns leise.

2 An welche Regeln kannst du dich am besten halten?
Schreibe zwei passende Sätze ab.

Ich kann gut zuhören.
Ich kann andere ausreden lassen.
Ich kann gut helfen.
Ich kann gut erklären.

● das Plakat

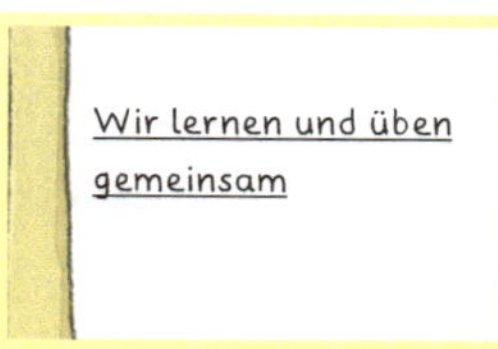

● die Regel

● die Partnerkinder

Nomen kennen lernen

1 Ordne die Wörter aus dem Kartenspiel in die Tabelle.

Menschen	Tiere
die Frau	

Pflanzen	Dinge

2 Welches Nomen passt nicht in die Reihe? Erkläre, warum nicht. Streiche es durch.

Pflanzen:	Tulpe	Gras	Baum	Strauch	Junge
Dinge:	Ball	Auto	Vogel	Trommel	Puppe

3 Finde weitere Nomen für Tiere. Schreibe sie in dein Heft.
Die Wörterliste oder ein Wörterbuch hilft dir dabei.

Nomen großschreiben

! Nomen werden großgeschrieben.

1 Setze die Wörter in die Lücken ein.

● Ball ● Würfel ● ~~Kartenspiel~~ ● Würfelbecher ● Seil

Carlo will das Kartenspiel spielen.

Hanna sucht den ______

und die ______ .

Paul möchte lieber mit dem ______ spielen.

Mario holt sich das ______ .

2 Findest du die Wörter für Tiere und Dinge? Schreibe nur diese Nomen auf.

Igel spielen Baum Puppe nett Auto malen Domino

______

3 Markiere den großen Anfangsbuchstaben der Nomen in Aufgabe 2.

● der Würfel

● das Kartenspiel

● das Jo-Jo

● das Puzzle

● die Murmel

● das Seil

● das Domino

● die Spielkiste

Silben schwingen

1 Schwinge die Namen. Zeichne die Silbenbögen.

Lisa Linus Greta

Anna Tarek Murat

2 Schreibe die Wörter auf. Zeichne die Silbenbögen darunter.

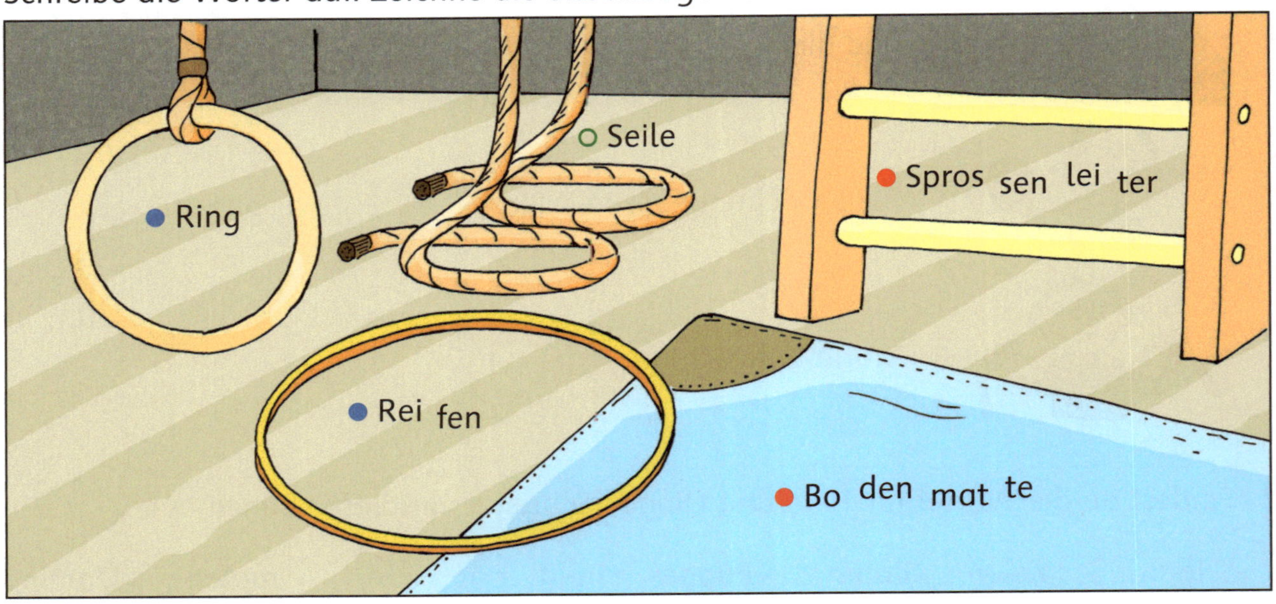

der Ring,

3 Zeichne die Silbenbögen unter die Wörter.

die Sporthalle

der Purzelbaum

das Klettergerüst

Hier üben wir

1 Ordne die Sätze den Bildern zu.

Marie malt einen Hai.	Paul malt mit dem Pinsel.
1 Alle Kinder lernen in der Schule.	Die Kinder rechnen und schreiben.

2 Schreibe die Sätze in der richtigen Reihenfolge auf.

In der Schule

Alle

3 Verbinde. Schreibe die Wörter. Markiere den Anfangsbuchstaben der Nomen.

- der Pinsel
- die Schule
- das Kind
- das Bild

Herbst

1 Setze die Wörter in die Lücken ein.

~~Kastanie~~ · Nuss · Blatt · Blume · Feder

Julia legt die Kastanie in die Schatzkiste.

Jonas legt das ________ in die Schatzkiste.

Anna legt die ________ in die Schatzkiste.

Paul legt die ________ in die Schatzkiste.

Daria legt die ________ in die Schatzkiste.

2 Was legst du in die Schatzkiste? Male und schreibe auf.

Ich lege ________

____

________ in die Schatzkiste.

der Kürbis

der Tannenzapfen

die Haselnuss

das Schneckenhaus

die Eichel

die Feder

Einladungen

1 Schreibe die Einladung in der richtigen Reihenfolge auf.

④ Wir stellen unsere Schatzkisten aus.

⑥ Bitte bringt Teller und Löffel mit.

⑤ Es gibt Kürbissuppe.

③ Es ist am 1. Oktober von 14 bis 16 Uhr.

② Wir laden euch zu unserem Herbstfest ein.

① ~~Liebe Eltern!~~

⑦ Eure Klasse 2

Liebe Eltern!

Artikel: der, die, das

! Nomen haben Artikel:
● der ● die ● das

1 Setze die Artikel ● der, ● die oder ● das ein.
Trage den Buchstaben vor dem richtigen Artikel in das Lösungswort ein.

(K) der / L das ● der Teller 

B der / Ü das ● Glas 

R der / G das ● Löffel 

B die / F das ● Gabel 

I der / D das ● Kürbis 

O die / S der ● Tisch 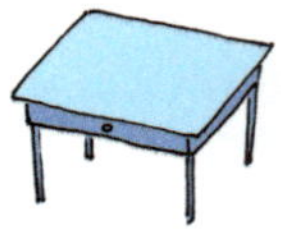

S das / L der ● Brot 

A der / U die ● Suppe 

H das / P die ● Tasse 

M der / P das ● Messer 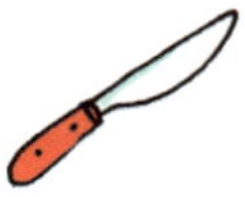

E der / P das ● Topf 

Lösungswort: die K _ _ _ _ _ _ _ _ _ _

2 Ordne die Wörter aus Aufgabe 1 den Artikeln zu.

● der

● die

● das

Artikel: ein, eine

Nomen haben Artikel: ● der ● ein | ● die ● eine | ● das ● ein

1 Setze die Artikel ● ein, ● eine oder ● ein ein.
Trage den Buchstaben vor dem richtigen Artikel in das Lösungswort ein.

● der Mond 

L ein
R eine

● ein Mond

● die Katze 

O ein
R eine

● ____ Katze

● die Sonne 

B ein
A eine

● ____ Sonne

● die Blume 

H ein
N eine

● ____ Blume

● das Schaf 

T ein
S eine

● ____ Schaf

● der Stern 

E ein
N eine

● ____ Stern

● das Pferd 

E ein
B eine

● ____ Pferd

Lösungswort: die L _ _ _ _ _ _

2 Verbinde, was zusammen passt.

ein ● ● | eine ●

die Kastanie
der Apfel
die Nuss
die Schatzkiste
die Birne
der Kuchen
das Blatt
der Vogel
der Drachen
das Herbstfest
der Baum
die Laterne

Ordnen und nachschlagen

1 Ordne die Wörter nach dem ABC.

 ● Laterne  ● Uhu

 ● Drachen  ● Eichel

2 Ordne die Wörter nach dem ABC.

● Teller ● Löffel ● Gabel

● Brot ● Tisch ● Messer

3 Suche in der Wörterliste und schreibe auf:
das erste Wort bei **A/a**, bei **I/i**, bei **N/n** und bei **T/t**.

● die Marmelade

● das Gewitter

● die Traube

● der Wind

● der Fuchs

● der Pilz

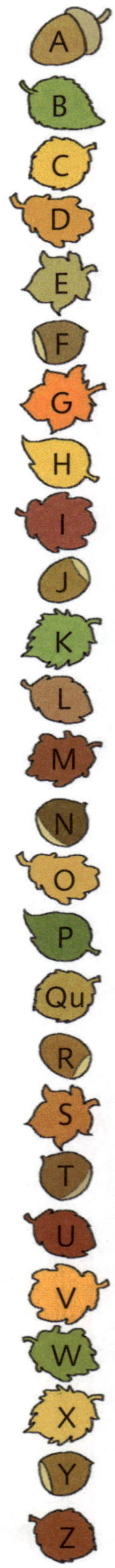

Hier üben wir

1 Ordne die Sätze den Bildern zu.

☐ Ich lege sie in meine Schatzkiste.

1 Der Herbst ist da.

☐ Ich finde eine dicke Kastanie.

☐ Darin liegt schon eine Feder.

2 Schreibe die Sätze in der richtigen Reihenfolge auf.

Der Herbst

3 Schreibe alle Nomen mit der/die/das auf.

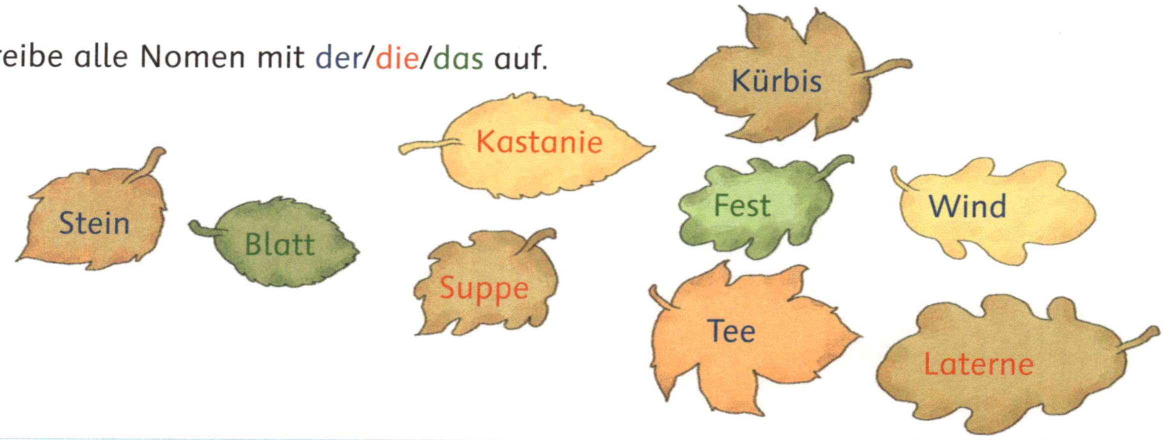

Natur entdecken: Tiere

1 Schau dir die Bilder an. Beantworte die Fragen.

Jonas bürstet

Was macht Jonas?

Jonas bürstet den Hund.

Lisa spielt

Was macht Lisa?

__________ mit der __________.

Oma füttert

Was macht Oma?

__________ den __________.

Tim streichelt

Was macht Tim?

__________ den __________.

Marie reitet

Was macht Marie?

__________ auf dem __________.

2 Hast du ein Lieblingstier? Male, schreibe oder erzähle dazu.

____

____

● der Hund

● die Katze

● der Vogel

● der Esel

● das Pferd

Informationen sammeln

1 Lies die Fragen und überlege. Verbinde sie mit den richtigen Antworten.

Wie oft muss ein Hund spazieren gehen?	Ein Hund muss einmal am Tag gefüttert werden.
Wie oft muss ein Hund gefüttert werden?	Ein Hund muss zweimal am Tag spazieren gehen.
Warum muss ein Hund gebürstet werden?	Ein Hund muss einmal im Jahr zum Tierarzt.
Wie oft muss ein Hund zum Tierarzt?	Ein Hund muss gebürstet werden, damit sein Fell glänzt.

2 Schreibe die Antworten ab.

Ein Hund

● der Tierarzt

● das Fell

● das Futter

● die Leine

● der Fressnapf

● die Bürste

Verben kennen lernen

1 Was tun Hunde? Verbinde.

	Hunde	fressen.
	Hunde	rennen.
	Hunde	spielen.
	Hunde	schlafen.
	Hunde	schwimmen.

2 Was gehört zusammen? Male die Teile in gleichen Farben an.
Schreibe die Sätze auf.

● Pferd	● Katze	● Kuh	● Schwein	● Hund
muht	quiekt	wiehert	bellt	miaut

Das Pferd wiehert.

3 Setze die passenden Verben ein. frisst füttert stehen lebt

Max ______ auf dem Bauernhof. Max ______ das Schwein.

Im Stall ______ Kühe. Der Hase ______ Karotten.

Vokale

1 Zeichne die Silbenbögen.
Markiere die Vokale gelb.

> **!** A/a, E/e, I/i, O/o, U/u sind Vokale.
> In jeder Silbe steckt ein Vokal:
> Wolf, Kamel, Krokodil

● Wolf

● Pinguin

● Krokodil

● Wal

● Kaninchen

● Kamel

● Nashorn

● Katze

● Hirsch

2 Wie heißen die Tiere? Schreibe sie mit ihrem Artikel auf.

der Regenwurm,

3 Zeichne die Silbenbögen unter die Tiernamen. Markiere die Vokale.

Vokale und Konsonanten

! A/a, E/e, I/i, O/o, U/u sind Vokale.
Alle anderen Laute im ABC sind Konsonanten.

1 Markiere in den Nomen die Vokale gelb.

● das Pferd ● der Fisch ● der Vogel ● der Hase

2 Welche Tiernamen beginnen mit einem Vokal?
Welche mit einem Konsonant? Ordne zu.

● Esel ● Maus ● Affe ● Katze ● Reh ● Igel ● Uhu ● Tiger ● Wal

Vokal	**Konsonant**

3 Sprich die Tiernamen deutlich. Hörst du einen lang gesprochenen oder einen kurz gesprochenen Vokal?
Hamster – Hase Wolf – Vogel
Fisch – Tiger Rabe – Katze

4 Schreibe die Tiernamen aus Aufgabe 3 ab.
Markiere in der ersten Silbe einen kurzen Vokal so: .
Markiere in der ersten Silbe einen langen Vokal so: _

Hamster, Hase

Hier üben wir

1 Ordne die Sätze den Bildern zu.

	Die Bienen summen über Bellos Kopf.
2	Der Hund Bello bellt laut.
	Die Ziegen meckern auf der Wiese.
	Die Frösche quaken am Teich.

2 Schreibe die Sätze in der richtigen Reihenfolge auf.

Der Hund

3 Wer ist schneller? Schreiben den Satz mit passenden Vokalen.

D❖◆ K✿tz◆ ❖st schn◆ll◆r ✿ls B◆ll✢.

a	=	✿
e	=	◆
i	=	❖
o	=	✢
u	=	◍

1. Jo-Jo-Test

Ordnen und nachschlagen

1 Schreibe die Wörter nach dem ABC geordnet auf.

① Mädchen, Junge, Tafel

② Tisch, Bett, Lampe

③ wollen, fangen, sitzen

Vokale und Konsonanten

2 Setze die fehlenden Vokale ein.

 der H a s e  der M _ nd  die W _ lle  das R _ h

3 Markiere alle Wörter, die mit Konsonanten beginnen.

Hund Esel Bett Fest Amsel Fisch Ast Katze

Silben

4 Sprich die Wörter deutlich. Zeichne Silbenbögen unter die Nomen.

der Würfelbecher 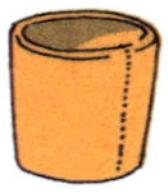 der Ball 

die Murmel  der Vogel 

Nomen erkennen

5 Welche Wörter sind Nomen? Schreibe sie mit dem Artikel ● der, ● die oder ● das auf.

● Kind	● Puppe	● Tafel	decken	heiß
lernen	● Name	gut	● Würfelbecher	● Mädchen

Verben kennen lernen

6 Ordne jedem Bild ein passendes Verb zu.

weinen schaukeln schlafen essen

7 Ergänze die passenden Verbformen.

singt brüllen lerne

Ich ______ die Wörter.

Die Löwen ______ ganz laut.

Der Vogel ______ eine Melodie.

Winter

1 Ordne die Sätze den Bildern zu. Setze das passende Winterwort ein.

● Schlitten und Ski ● Geschenk

● ~~Plätzchen~~ ● Schneebälle

☐ Mama sticht Plätzchen aus.

☐ Die Kinder fahren ______ und ______.

☐ Anne hat ein tolles ______ ausgepackt.

☐ Die Kinder werfen ______.

2 Was magst du am Winter? Male und schreibe.

● die Weihnachtskugel

● der Schlitten

● die Ausstechform

● der Schnee

● die Inliner

● der Teig

Gedichte schreiben

1 Das ist der Bauplan eines Elfchens.
Male in der gleichen Farbe an, was zusammen passt.

Was fühlst du? (1 Wort)	Ich baue einen Schneemann.
Wer/was ist es? (2 Wörter)	Kälte
Was ist passiert? (3 Wörter)	Schneeflocken
Was mache ich? (4 Wörter)	Der Schnee
Welches Schlusswort? (1 Wort)	Es hat geschneit.

2 Trage das Gedicht in den Bauplan ein.

3 Schreibe ein Elfchen mit diesen Wörtern. Oder schreibe ein eigenes Elfchen.

Warten | Die Kerze brennt. | Wir backen viele Plätzchen. | Tannenbaum | Der Advent

Sätze kennen lernen

1 Schreibe den Text ab.
Am Satzanfang musst du großschreiben.
Setze den Punkt am Satzende.

> Am Satzanfang schreibt man groß.
> Nach Aussagesätzen steht ein Punkt.

paul holt einen großen Stern
die Jungen bauen eine Krippe
ein Mädchen bringt eine Puppe mit
die Flötengruppe übt fleißig

Paul

2 Markiere den Buchstaben an jedem Satzanfang.

der Chor

die Krippe

das Stroh

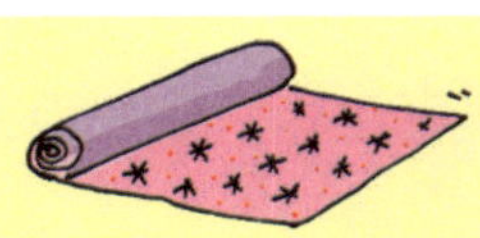
das Geschenkpapier

die Flöte

die Puppe

die Kerze

der Stern

Fragesätze und Aussagesätze

1 Bilde mit den Wörtern Sätze.
Achte auf die Großschreibung am Satzanfang.
Setze den Punkt am Satzende.

die Klasse 2b | ein Krippenspiel | spielt

Die Klasse 2b

sind | Carlo und Lotta | die Hirten

die Schafe | drei Kinder | spielen

2 Schreibe die Fragesätze ab. Markiere jeweils das Fragezeichen.

Trägt Tom ein Kostüm? | Spielt Lea ein Schaf? | Sind Carlo und Lotta die Hirten?

Trägt Tom

3 Schreibe den zweiten Aussagesatz als Fragesatz.
Das Verb steht dann an erster Stelle. Denke an das Fragezeichen.

An der Decke hängt ein gelber Stern.

Hängt an der Decke ein gelber Stern?

Die Gäste freuen sich auf das Krippenspiel.

Wörter mit ie

1 Setze die Wörter in die Sätze ein. Markiere das lange **ie**.

~~sieben~~ schieben lieben liegen spielen

Mara bastelt sieben Sterne.

Anna und Leon ______ gern Memory.

Die Geschenke ______ unter dem Baum.

Wir ______ das Fahrrad über die Straße.

Alle Kinder ______ Schokolade.

2 Setze die Wörter zusammen. Schreibe sie auf. Zeichne die Silbenbögen.

● Zie / ● Flie — ge	● Rie / ● Wie — se	● Zwieb / ● Stief — el
die Fliege		
die Z		

● die Ziege

● die Zwiebel

● die Biene

● der Stiefel

● die Fliege

● der Riese

● der Dieb

● die Wiese

Hier üben wir

1 Ordne die Sätze den Bildern zu.

① 

② 

③ 

④ 

☐ Wir singen neue Lieder.

☐ Die Kinder fahren mit dem Schlitten.

1 Jonas und Hanna lieben den Winter.

☐ In der Klasse schmücken wir das Fenster mit gelben Sternen.

2 Schreibe die Sätze in der richtigen Reihenfolge auf.

Jonas

3 Schreibe die Nomen zu den Bildern.

die

Zeiten und Räume

1 Schreibe die Jahreszeiten an den Kreis.

Es war eine Mutter,
die hatte vier Kinder:
den Frühling, den Sommer,
den Herbst und den Winter.

Der Frühling bringt Blumen,
der Sommer den Klee,
der Herbst bringt die Trauben,
der Winter den Schnee.

2 Setze die Wörter passend ein.

- das Veilchen
- der Vogel

Im Frühling blüht das Veilchen.

Im Frühling baut ________ sein Nest.

- die Sonne
- der Klee

Im Sommer scheint ________ warm.

Im Sommer wächst ________ auf der Wiese.

- der Baum
- der Wind

Im Herbst verliert ________ seine Blätter.

Im Herbst lässt ________ die Drachen steigen.

- der Schnee
- der Schlitten

Im Winter fällt ________.

Im Winter wird ________ geholt.

Geschichten vorbereiten

1 Verbinde das Bild mit dem richtigen Satz. Schreibe die Jahreszeit dazu.

Im Frühling
bauen die Vögel ein Nest.

schwimmen wir.

bauen wir einen Schneemann.

lassen wir die Drachen steigen.

fahren wir Schlitten.

essen wir Eis.

blühen die Blumen.

gehen wir mit der Laterne.

2 Welche Jahreszeit hast du am liebsten? Warum?
Schreibe in dein Heft.

Adjektive kennen lernen

1 Wie ist diese Murmel? Verbinde, was passt.

rund — rot — eckig — rau

warm — kalt — glatt — blau

2 Wie sind Linas und Tims Murmeln?

blau — groß — klein — rot

Linas Murmeln sind ______ und ______.

Tims Murmeln sind ______

und ______.

3 Finde Gegensätze.
Schreibe die Gegensatzpaare auf.

~~kalt~~ — alt — leicht — hell — groß — ~~warm~~ — dick

laut — dunkel — jung — schwer — leise — klein — dünn

kalt – warm

______ – ______

______ – ______

______ – ______

______ – ______

______ – ______

______ – ______

Adjektive verwenden

1 Beschreibe die Sternsinger.

Melchior Caspar Balthasar

Der erste Sternsinger trägt einen gelben Stern.

Auf seinem Kopf sitzt eine _____ Krone.

Neben ihm steht eine _____ Kiste.

Der zweite Sternsinger ist _____.

Er trägt einen _____ Turban und eine _____ Hose.

Seine Schuhe sind sehr _____.

Der dritte Sternsinger hat einen _____ Umhang.

Sein Kleid ist _____.

Der Sternsinger ist _____ als die beiden anderen.

braune
~~gelben~~
goldene
rote
spitz
klein
blauen
größer
weiten
grün

2 Was ist dein Lieblingsspielzeug? Male und beschreibe es.

Wörter mit au, eu, ei und ai (W) (M)

1 Markiere die Doppellaute gelb. Zeichne die Silbenbögen.

> **!** Man nennt **au, eu, ei, ai Zwielaute,** weil sie aus **zwei** Lauten bestehen. Sie dürfen nicht getrennt werden: der B**au**m, fr**eu**en, die S**ei**fe, der H**ai**.

die Freundin

die Pflaume

die Seife

der Hai

die Schaukel

2 Setze die Doppellaute ein. Zeichne die Silbenbögen.

das Haus

das F__er

die M__s

das __s

das __to

der K__ser

die __le

der G__st

3 Schreibe die Wörter aus Aufgabe 2 mit ihrem Artikel auf.

das Haus,

Hier üben wir

1 Ordne die Sätze den Bildern zu.

①

②

③

④

☐ Frisches Gras und bunte Blumen blühen.

1 Jedes Jahr freuen wir uns auf den Mai.

☐ Die gelbe Sonne scheint vom blauen Himmel.

☐ Wir tanzen fröhlich um den Maibaum.

2 Schreibe die Sätze in der richtigen Reihenfolge auf.

____

____

____

____

3 Unterstreiche in den Sätzen die Adjektive.

4 Schreibe die Nomen zu den Bildern.

● das ________ ● die ________ ● der ________ ● die ________

Das bin ich

1 Setze die Wörter ein.

- ~~Saft~~
- Käsebrot
- Hörnchen
- Tee
- Vollkornbrot

Was trinkt Jonas zum Frühstück?

Jonas trinkt Saft zum Frühstück.

Was isst Paul zum Frühstück?

Paul isst ein ______________ zum Frühstück.

Was isst Marie zum Frühstück?

Marie isst ein ______________ zum Frühstück.

Was isst und trinkt Jule zum Frühstück?

Jule isst ein ______________ und trinkt __________ zum Frühstück.

2 Was isst und trinkst du gern zum Frühstück?

____

das Hörnchen

das Käsebrot

das Vollkornbrot

der Saft

der Tee

die Banane

der Apfel

Rezepte

1 Setze die Wörter ein.

● Vollkornsemmel ● ~~Gemüse~~ ● Tomate ● Gurke ● Vollkornsemmel
● Frischkäse ● Gemüse ● Schnittlauch ● Radieschen

Zuerst wasche ich das Gemüse .

Dann schneide ich das __________

in Scheiben und die __________ in Würfel.

Danach schneide ich die __________

und den __________ klein.

Nun streiche ich den __________

auf die __________ .

Zum Schluss lege ich mit dem __________

ein Gesicht auf die __________ .

2 Welches Gemüse kennst du noch?

____

● die Gurke

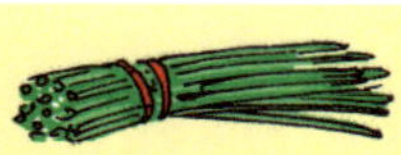

● der Schnittlauch

● das Gemüse

● die Tomate

● das Radieschen

● der Frischkäse

Einzahl und Mehrzahl

> **!** Nomen gibt es in der Einzahl und in der Mehrzahl. In der Mehrzahl heißt der Artikel immer **die**.

1 Was gehört zusammen? Verbinde.

 ● das Radieschen — ○ die Zwiebeln 

 ● die Zwiebel — ○ die Radieschen 

 ● die Tomate — ○ die Äpfel 

 ● der Apfel — ○ die Brote 

 ● das Brot — ○ die Tomaten 

 ● die Banane — ○ die Semmeln 

 ● die Semmel — ○ die Bananen 

2 Schreibe die Wörter in die Tabelle.

Einzahl (eins)	**Mehrzahl (mehr als eins)**
das Radieschen	die Radieschen

Wörter mit ä, ö und ü

Ä/ä, Ö/ö, Ü/ü sind **Umlaute**.

1 Schreibe die Nomen unter die Bilder.
Markiere die Umlaute.

● ~~die Tüte~~ ● der Bär ● der Käse ● der Löffel ● die Tür ● die Blüte

die Tüte

2 Markiere in den Einzahl-Nomen den Vokal.
Markiere in den Mehrzahl-Nomen den Umlaut.

● Zahn – ○ Zähne	● Wald – ○ Wälder	● Holz – ○ Hölzer
● Garten – ○ Gärten	● Wand – ○ Wände	● Buch – ○ Bücher
● Topf – ○ Töpfe	● Wurst – ○ Würste	● Fass – ○ Fässer
● Kuss – ○ Küsse	● Frucht – ○ Früchte	● Knopf – ○ Knöpfe

3 Finde weitere Wörter mit **Ä/ä**, **Ö/ö** und **Ü/ü**. Schreibe sie in dein Heft.
Die Wörterliste oder ein Wörterbuch helfen dir dabei.

● die Blüte

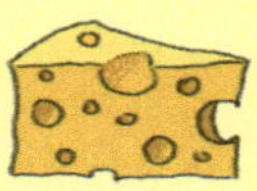

● der Käse

● die Schüssel

● die Wand

● der Bär

● der Schlüssel

● die Blüte

● der Wald

Wörter mit ä und äu ableiten:

1 Setze den fehlenden Buchstaben ein.

Ä/ä-Wörter	**Einzahl mit A/a**
die Gräser	das Gras
die Äpfel	der pfel
die Säfte	der S ft
die Gläser	das Gl s
die B nke	die Bank
die N chte	die Nacht

2 Verbinde die verwandten Wörter.

träumen	saftig
aufräumen	● das Fahrrad
○ die Räder	● das Baumhaus
○ die Bäume	● der Raum
○ die Säfte	● der Traum

3 Schreibe die Einzahl auf.

○ die Mäuse	die Maus	○ die Blätter	
○ die Wände		○ die Bälle	

● die Bank

● das Glas

● das Baumhaus

● der Raum

Hier üben wir

1 Was gehört zusammen? Male die Teile in gleichen Farben an.

Jonas	isst	Apfelsaft.
Paul	legt	zum Bäcker.
Tom	laufen	ein Brot mit Käse.
Nina	schneidet	ein Ei auf seine Vollkornsemmel.
Max und Hanna	trinkt	seine Äpfel.

2 Schreibe die Sätze richtig auf.

Jonas

3 Finde Wortpaare. Schreibe sie auf.

Apfel • Baum • schlafen
Haus • Maus • laufen

Bäume • Äpfel • läuft • Häuser
Mäuse • schläft

Apfel – Äpfel

Freizeit

1 Setze die Wörter in die Lücken ein.

● Buch | ● ~~Fernseher~~ | ● Computer | ○ Inlinern | ● Fußball | ● Fahrrad | ● Musik

Lea sitzt vor dem Fernseher .

Carlo fährt mit dem ________ .

Lisa hört ________ .

Ali und Tom spielen ________ .

Erkan lernt am ________ .

Paul liest ein ________ .

Eva fährt auf ________ .

2 Was machst du in deiner Freizeit? Male und schreibe es auf.

____

____

Texte überarbeiten

1 Setze die passenden Wörter ein.

~~① Gestern~~ ② Zuerst ③ Endlich ④ Dann
⑤ Plötzlich ⑥ Leider ⑦ Zum Glück

Gestern war ich auf dem Spielplatz. ________ war ich allein.
Mir war langweilig. ________ kam mein Freund Alex.
________ spielten wir Fußball. ________ flog der Ball
in einen Garten. ________ konnten wir ihn nicht holen.
________ kam der Bruder von Alex. Er hat uns geholfen.

2 Schreibe den Text in dein Heft.
Unterstreiche immer den Satzanfang.

3 Was passt zusammen? Verbinde.

	Plötzlich	muss ich jetzt nach Hause.
	Zum Glück	habe ich Geburtstag.
	Leider	rollte der Ball auf die Straße.
	Endlich	konnte ich schwimmen.
	Auf einmal	konnte Papa mir tragen helfen.

Wortbausteine am Wortanfang: ver-, vor-, un-

1 Schreibe die neuen Wörter auf.

Vorsilben verändern die Bedeutung von Wörtern.

ver
vor
tragen

vertragen

vor
ver
fahren

2 Setze die neuen Wörter aus Aufgabe 1 hier ein.

Tim will sich mit Ali ______________.

Anna soll das Gedicht ______________.

Mutter möchte mit dem Auto ______________.

Onkel Rudi hat sich in der Stadt ______________.

3 Verbinde mit der passenden Erklärung.

unglücklich	Ich komme zur richtigen Zeit.
glücklich	Ich bin traurig.
pünktlich	Ich bin froh.

Wortbausteine: am Wortende: -en, -er, -el

1 Setze die fehlenden Endungen ein.

! Die Wortbausteine **-en**, **-er** oder **-el** stehen häufig am Wortende: lach**en**, der Wint**er**, dunk**el**.

● die Fed

● die Wurz

● das Fenst

● der Of

● der Neb

mal

2 Welches Wort passt nicht in die Reihe?
Streiche es durch.

Mädchen   sieben   Ofen   Wetter   Kuchen

Sommer   Schaukel   Winter   Lehrer   Schwester

Bücher   Onkel   dunkel   Esel   Pinsel

3 Schreibe die passenden Nomen zu den Bildern.
Markiere die Endungen der Nomen.

● Wecker   ● Flügel   ● Gabel   ● Feuer

Wörter mit Sp/sp und St/st

1 Trage die Wörter mit dem Artikel in die Tabelle ein.
Markiere **Sp/St**.

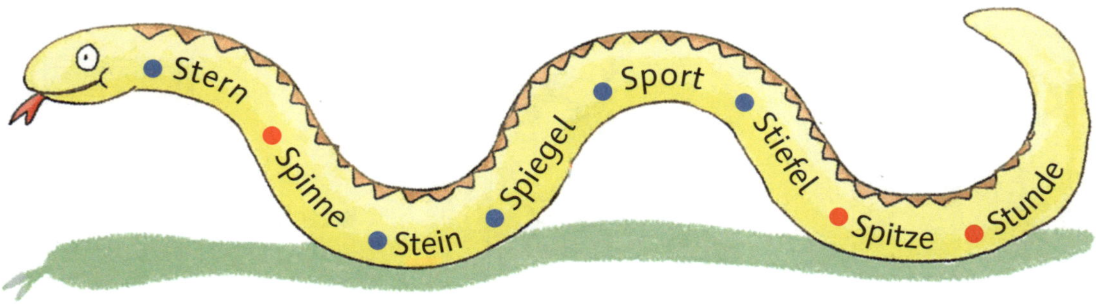

St	Sp
der Stern	

2 Verbinde. Setze **St/Sp** ein.

sp ucken
rechen
● die raße
● der echt

sp
St
Sp
st

ielen
● die imme
aren
ark

3 Finde weitere Wörter mit **St/st** und **Sp/sp** und schreibe sie in dein Heft.
Ein Wörterbuch hilft dir dabei.

● der Specht

● die Spitze

● der Spatz

● der Stier

Hier üben wir

1 Ordne die Sätze den Bildern zu.

- [ ] Lotta will sich am Telefon verabreden.
- [2] Ungeduldig wartet Lotta auf Paul.
- [ ] Lea darf das Haus nicht verlassen.
- [ ] Sofie wird den Tag im Stall bei ihrem Pferd verbringen.

2 Schreibe die Wörter mit **vor-**, **ver-** und **un-** aus Aufgabe 1 auf.
Markiere die Vorsilben.

verabreden

3 Was gehört zusammen? Male die Teile in gleichen Farben an.
Schreibe die Sätze in dein Heft.

Ich	nimmst die Sporttasche mit.
Du	nehmen am Sportfest teil.
Felix	nehme das Buch mit nach Hause.
Die Kinder	nimmt das Spiel aus dem Regal.

4 Finde in den Sätzen von Aufgabe 3 alle **Sp**-Wörter.
Markiere **Sp** gelb.

2. Jo-Jo-Test

Sätze überarbeiten

1 Schreibe die Sätze mit passenden Satzanfängen.

Sofort | Danach | Plötzlich | Zum Glück | Endlich

Tim feiert seinen Geburtstag im Kinderland.

___ sind alle seine Gäste eingetroffen.

___ stürmen alle los und rutschen.

___ trinken sie etwas. ___ ist Tim verschwunden.

___ findet ihn Lina wieder.

Wörter mit Sp/sp und St/st

2 Setze **Sp/sp** oder **St/st** ein. Denke daran: Nomen schreibt man groß.

Die Kinder ___ ielen auf der ___ raße mit kleinen ___ einen.

Sandra ___ eigt auf einen ___ eilen Berg.

Tom und Ben ___ rechen oft ___ undenlang über ___ ort.

Einzahl und Mehrzahl

3 Setze in der Mehrzahl die fehlenden Umlaute oder Zwielaute ein.

● das Dach 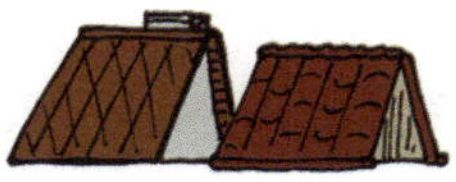
die D __ cher

● der Fuß 
die F __ ße

● das Glas 
die Gl __ ser

● das Haus 
die H __ ser

● der Vogel 
die V __ gel

● der Ball 
die B __ lle

Wörter mit ä und äu

4 Setze die fehlenden Umlaute oder Zwielaute ein.
Ergänze bei den Nomen den Artikel.

rauben  ● __ R __ ber

verkaufen  ● __ Verk __ fer

laufen  ● __ L __ fer

● die Zahl  z __ hlen

● der Traum  tr __ men

● der Kamm  k __ mmen

5 Betrachte das Fabeltier. Markiere passende Adjektive.

blau | braun | glatt

dick | freundlich | dünn

gruselig | zottelig

Frühling

1 Setze die Wörter in die Lücken ein.

○ Kinder ~~○ Blüten~~ ○ Schmetterlinge ○ Blumen ○ Vögel

Im Frühling haben die Bäume viele Blüten .

Im Frühling spielen die ______ gern draußen.

Auf der Wiese blühen die ersten ______ .

Durch die Luft flattern ______ .

Im Frühling singen die ______ .

2 Was gefällt dir am Frühling? Male und schreibe auf.

● die Blüte

● das Windrad

● der Schmetterling

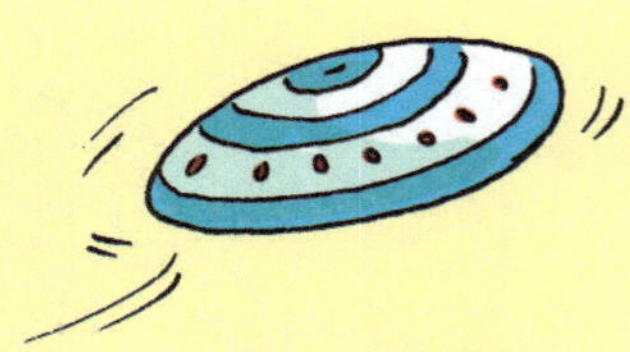

● die Frisbeescheibe

Bastelanleitungen

1 Schreibe die Satzanfänge in der richtigen Reihenfolge zu den Bildern.

① Zuerst lege ich … ② Dann schneide ich … ③ Danach klappe ich …

④ Nun male ich … ⑤ Dann schneide ich … ⑥ Zum Schluss klebe ich …

Zuerst

das Material bereit.

das Quadrat in der Mitte durch.

jedes Dreieck an der rechten und linken Ecke nach unten.

die Blätter und den Stiel auf grünes Papier.

die Blätter und den Stiel aus.

den Stiel, die Blätter und die Blüte auf blaues Papier.

2 Schreibe ein Frühlingsgedicht auf die Rückseite.
Suche im Internet oder erfinde ein eigenes Gedicht.
Lerne es auswendig und trage es vor.

Dialekte und andere Sprachen entdecken

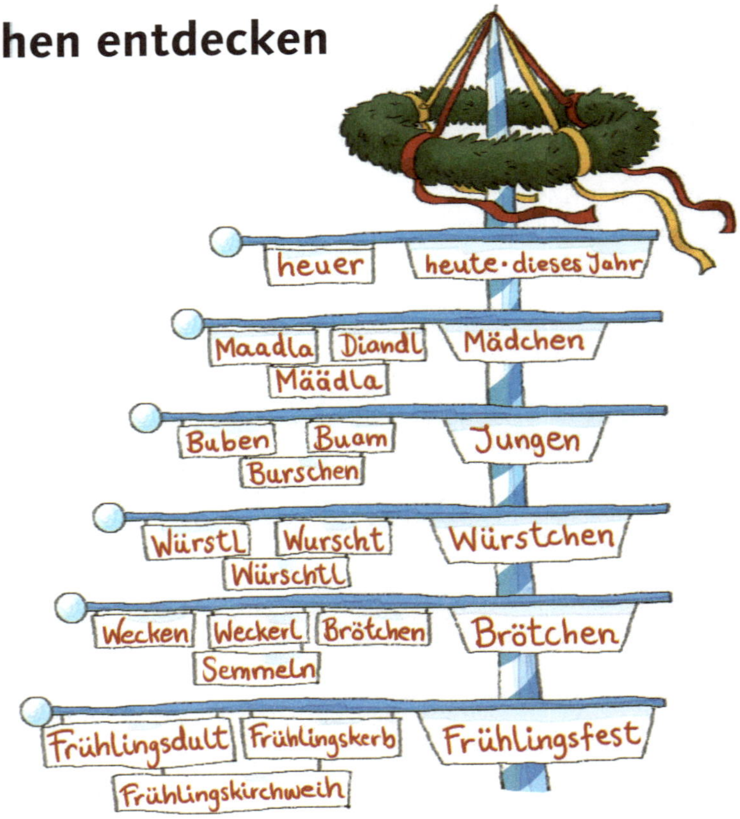

1 Lies die Wörter am Maibaum.

2 Schreibe jeweils ein passendes Wort in Mundart vom Maibaum.

Mädchen Maadla

Junge ____________

heute ____________

Brötchen ____________

3 Kennst du noch andere Wörter in Mundart?

____

____

4 Manche Wörter in der deutschen Sprache kommen aus anderen Sprachen. Male die passenden Satzteile in gleichen Farben an.

Kiosk	kommt aus der französischen Sprache.
Crêpe	kommt aus der persischen Sprache.
Popcorn	kommt aus der türkischen Sprache.
Pyjama	kommt aus der englischen Sprache.

Wörter mit V/v (M)

1 Markiere in den Wörtern **V** und **v**.

viele ● der Vater ● die Vase vor voll violett
● der Vanillepudding ● das Verb ● das Klavier vergessen

2 Sprich die Wörter. Wie klingt das **V/v**? Ordne die Wörter in die Tabelle ein.

V/v wie in  ● der **Vampir**	**V/v wie in**  ● der **Vogel**
die Vase	

3 Verbinde und schreibe die Wörter.

vor — lesen
spielen
schreiben
ver
suchen

● die Vase

● der Vanillepudding

● das Klavier

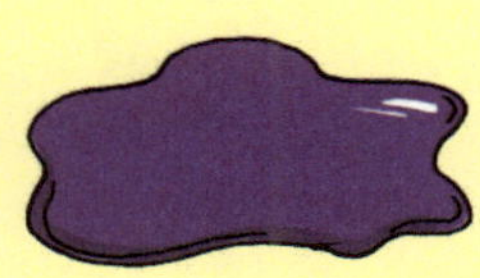
violett

Wörter mit r nach Vokal

1 Schreibe die Wörter unter die Bilder.

● Birne ● Gurke ● Garten schwarz ● Pferd turnen

die Birne

2 Ordne die Wörter in die Tabelle ein. Markiere das **r** nach Vokal.

● Berg ● Wort antworten warten lernen arbeiten

er	or	ar
der Berg		

3 Finde noch weitere Wörter mit verstecktem **r** und schreibe sie in dein Heft.
Ein Wörterbuch hilft dir dabei.

● der Bart

● die Burg

● die Wurzel

● die Kerze

Hier üben wir

1 Ordne die Sätze den Bildern zu.

1 

2 

3 

4 

	Vater schenkt Mutter eine Vase mit Narzissen.
1	Im Frühling ist Muttertag.
	Sofie malt ihr ein Bild mit viel Farbe.
	Die Vögel singen für Mutter.

2 Schreibe die Sätze in der richtigen Reihenfolge auf.

Im

3 Markiere in den Sätzen die Wörter mit **V/v**.

4 Ergänze den fehlenden Vokal und das **r**.

ar: G ar ten P ___ tner schw ___ z w ___ ten

er: B ___ g l ___ nen Zw ___ g m ___ ken

or: W ___ t K ___ b H ___ t S ___ te

Vorhang auf!

1 Sieh dir an, was unter dem Theatervorhang hervorschaut.
Was passiert wohl in diesem Theaterstück? Schreibe auf.

● der Königsstiefel

● der Königsmantel

● die Pfote

● die Bühne

● das Gespenst

● die Krone

● der Vorhang

● der Stöckelschuh

Texte vortragen

1 Sieh dir die Bilder zu dem Theaterstück an.
Wovon handelt das Theaterstück? Erzähle einem anderen Kind.

König Karlos	Körbchen	Mitternacht	erschrocken
Prinzessin Estella	genervt	Gespenst	läuft aus dem Zimmer
Hund Bruno	schnarchen	erschrecken	zufrieden
schlafen gehen	kann nicht schlafen	Idee	

2 Lies die Sprechblasen in den Bildern mit unterschiedlichen Stimmen.

3 Wie könnte die Geschichte weitergehen? Male und erzähle.

Bruno
freuen
Bett
schlafen

Eine Theateraufführung planen

1 Setze die Wörter richtig ein.

● das Leinentuch ● die Krone ● das Körbchen ● der Königsmantel

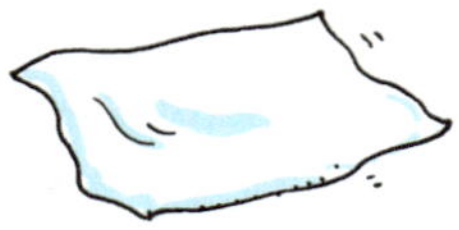

das Leinentuch

2 Welche Geräusche kommen im Theaterstück vor?
Verbinde die passenden Geräusche.

heulen husten pfeifen

Gespenst König Karlos Bruno

lachen schnarchen seufzen

3 Ordne jeder Figur eine passende Eigenschaft zu.

~~müde~~ hübsch laut gruselig genervt

ängstlich klug mutig nett

müde

Wörter mit Pf/pf und Qu/qu

1 Ergänze **Pf/pf**.

● der Kopf

● das erd

● die lanze

● der A el

● der To

● der Strum

2 Ergänze in den Sätzen die passenden Wörter mit **Qu/qu**.

Quelle | Quatsch | Quartett | quaken | Quadrat

Frisches Wasser kommt aus einer ______.

Ein Viereck mit gleich langen Seiten ist ein ______.

Tim macht in der Klasse oft ______.

Paul und Lisa spielen gern ______.

Am Teich ______ die Frösche.

Das Pferd quatscht in Strümpfen …

3 Schreibe einen lustigen Satz mit Wörtern mit **Pf/pf** und **Qu/qu**.

Wörter mit ng und nk

1 Markiere in den Nomen **ng** und **nk**.

● der Vorhang

● die Bank

● der Schrank

● der Junge

● das Geschenk

● der Ring

2 Schreibe die Nomen mit Artikel auf.

3 Schreibe die Sätze ab. Markiere **ng** und **nk**.

König Karlos ist krank. Bruno will ihm helfen. Er denkt nach.
Da hört er einen seltsamen Klang. Bruno springt auf.
Hinter ihm steht ein Junge. Er bringt einen Zaubertrank.
Der König trinkt ihn. Er schenkt dem Jungen einen Ring.

Hier üben wir

1 Ordne die Sätze den Bildern zu.

1	Die Vorstellung beginnt.
	Da springt Bruno aus dem Schrank.
	Der König denkt. Er sucht seinen Ring.
	Er bringt dem König den Ring.

2 Schreibe die Sätze in der richtigen Reihenfolge auf.

Die

3 Markiere in den Sätzen alle Wörter mit **ng** und **nk**.

4 Bilde Reimwörter mit **Qu/qu**.

Felle	Matsch	sehr	matschen
___elle	___atsch	___er	___atschen

Natur entdecken: Pflanzen

1 Im Garten wachsen verschiedene Pflanzen.
Was wächst im Gemüsebeet? Was wächst im Blumenbeet?
Die Bilder im gelben Kasten helfen dir.

● das Gemüsebeet

● das Blumenbeet

o die Primeln | ~~o die Salate~~ | o die Margeriten | o die Bohnen
o die Kohlköpfe | o die Rosen | o die Radieschen | o die Möhren

Im Gemüsebeet wachsen:

die Salate,

Im Blumenbeet wachsen:

● der Salat

● der Kohlkopf

● das Radieschen

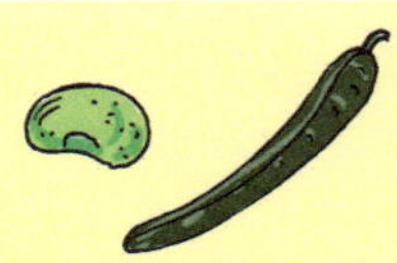

● die Bohne

● die Möhre

● die Rose

● die Margerite

● die Primel

Steckbriefe und Diagramme

1 Ergänze den Steckbrief vom Enzian.

● Enzian | dunkelblaue Blüte | in den Alpen | darf nicht gepflückt werden

Name: Enzian

Aussehen: Der Enzian hat ______________________.

Standort: Der Enzian wächst ______________________.

Besonderheit: Der Enzian ______________________.

2 Wie viele Monate blühen die Blumen?
Schreibe auf.

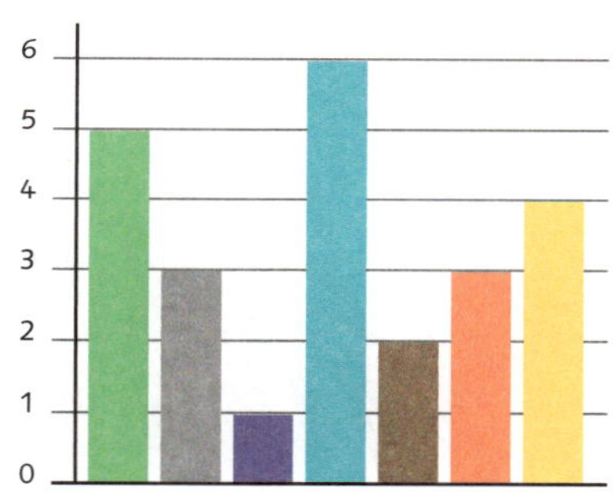

- Sonnenblume: Juli bis Oktober
- Löwenzahn: April bis August
- Tulpe: März bis Mai
- Ringelblume: Juni bis November
- Lavendel: Juli
- Christrose: Dezember bis Januar
- Schneeglöckchen: Januar bis März

Schneeglöckchen: drei Monate

Ringelblume: ______________________

Löwenzahn: ______________________

Tulpe: ______________________

Wortstamm

> **!** Jedes Wort hat einen Wortstamm. Dieser **Wortstamm** bleibt meistens gleich. Verwandte Wörter haben den gleichen Wortstamm.

1 **Gieß/gieß**: Markiere den Wortstamm.

● die Gießkanne   ausgießen

eingießen   begießen

● der Ausgießer   ● das Gießwasser

2 Verbinde die Wortteile miteinander.

● das	Pflanz	enbuch	das Pflanzenbuch
● der	Pflanz	enname	
● die Topf	pflanz	e	
● die Gift	pflanz	e	
● die Zimmer	pflanz	e	

3 Setze Wörter mit den Wortstämmen **Pflanz/pflanz** ein.

In unserer Klasse steht eine Topfpflanze.

Wir suchen den ______ ennamen

im ______ enbuch.

Lisa fragt: „Ist das eine Gift ______ e?"

Jonas sagt: „Nein, das ist eine Zimmer ______ e.

Sie heißt Grünlilie."

Wir wollen ihre Ableger ein ______ en.

B/b oder P/p, D/d oder T/t, G/g oder K/k

1 Sprich die Wörter deutlich.
Setze dann die fehlenden Anfangsbuchstaben ein. Markiere sie.

• Bank

• ark

• opf

rei

• uh

• ießkanne

2 Verbinde und schreibe die Wörter in dein Heft.

b	usten	**d**	anzen	**g**	elb
	auen		rehen		rabbeln
p	lau	**t**	uften	**k**	riechen

3 Bilde aus den Wörtern Sätze. Schreibe sie auf.

blühen bunte bald Blumen

kochen Kaffee Katze keinen Kia kann

• der Pilz

• das Beet

• die Karotte

• der Käfig

Wörter mit b, d, g verlängern

1 Setze den fehlenden Buchstaben ein.

g oder k?

alle Ber g e
● der Ber

alle Zwer e
● der Zwer

alle Köni e
● der Köni

alle Bur en
● die Bur

d oder t?

alle Wäl er
● der Wal

alle Klei er
● das Klei

alle Rä er
● das Ra

alle Hun e
● der Hun

b oder p?

alle Kör e
● der Kor

alle Sie e
● das Sie

alle Bu en
● der Bu

alle Die e
● der Die

2 Verlängere die Wörter.
Markiere die schwierigen Stellen.

●  gel b — die gelbe Sonne

●  gesun

●  wil

●  run

●  kal

Hier üben wir

1 Ordne die Sätze den Bildern zu.

☐ Oma gießt die Tomaten.

1 Die Sonne scheint. Wir stehen im Garten.

☐ Opa schneidet die Hecke.

☐ Wir setzen Pflanzen in die Erde.

2 Schreibe die Sätze in der richtigen Reihenfolge auf.

Die Sonne

3 Sortiere nach den zwei Wortstämmen.

scheinen pflanzlich die Pflanze
der Sonnenschein pflanzen sie scheint

scheinen,

pflanzlich,

Wie wir leben

Mama und Papa wollen verreisen. Die Kinder sollen nicht allein bleiben. Nina hat die Idee, dass Oma kommt. Sie ruft Oma an.

1 Suche dir ein Partnerkind. Lest und spielt das Gespräch. Achtet dabei auf die Betonung.

2 Warst du schon mal ohne deine Eltern zu Hause? Wie ging es dir dabei? Schreibe und male.

Texte schreiben

1 Lies den Text.

> **!** Viele Texte haben eine **Überschrift, Zeilen, Absätze** und **Spalten.** Sie helfen uns den Text leichter zu lesen und zu verstehen.

1 Ich bin Paul und komme
aus dem Senegal. Das ist
ein Land in Afrika.
Ich bin im Senegal geboren.
Meine kleine Schwester
ist in Bayern geboren.
Im Senegal spricht man Französisch.
Hier in der Schule spreche ich Deutsch.

2 Nummeriere die Zeilen des Textes.

3 Du kannst den Text in drei Absätze gliedern.
Markiere die Absätze so: ├

4 Schreibe eine passende Überschrift über den Text.

5 Schreibe einen Text über dich. Finde eine passende Überschrift.

Wortarten bestimmen

1 So erkennst du Nomen. Markiere alle Nomen in derselben Farbe.

KIND

BUNT

LUSTIG

DOSE

ENTE

KATZE

2 Schreibe die Nomen aus Aufgabe 1 mit ihrem Artikel auf.
Die Wörterliste hilft dir dabei.

3 So erkennst du Verben. Markiere alle Verben in derselben Farbe.

GEHEN

TANZEN

SCHWIMMEN

GRÜN

MAUS

ESSEN

4 Schreibe die Verben aus Aufgabe 3 auf.

Satzarten und Satzzeichen

1 Lies die Sätze.
Betone sie unterschiedlich.

! Punkt, Fragezeichen und Ausrufezeichen sind **Satzzeichen**.
Nach **Aussagesätzen** steht ein **Punkt**: Ich bin müde.
Nach **Fragesätzen** steht ein **Fragezeichen**: Wo ist Tom?
Nach **Ausrufen** steht ein **Ausrufezeichen**: Au!

2 Schreibe die Sätze auf.
Setze passende Satzzeichen.

Ich | helfe | in der Küche

Au, | du tust | mir | weh

Wo | ist | mein Buch

Wörter mit stummem h (M)

1 Ordne die Wörter den Bildern zu. Markiere das stumme **h**.

● Zahl ● Frühling ● Zahn ● Uhr

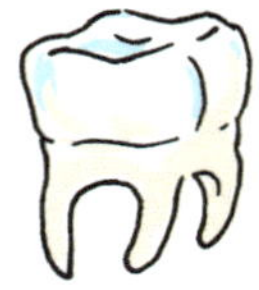

Zahl

2 Verbinde. Schreibe die Wörter auf.

● Woh	ren	die Wohnung
fröh	nung	
fah	men	
neh	len	
zäh	hundert	
● Jahr	lich	

3 Wie heißen die Wörter?
Schreibe sie richtig auf.

● Ohr

zehn

● Stuhl

● Lehrerin

Hier üben wir

1 Markiere in den Sätzen alle Wörter mit stummem **h**.

Tom wartet an der Ampel.

Er schaut über die Fahrbahn.

Die Ampel zeigt rot. Tom zählt bis zehn.

Die Ampel zeigt grün.

Fröhlich läuft Tom über die Straße.

Der Bub freut sich auf den Frühling.

2 Unterstreiche alle Verben in den Sätzen rot.
Schreibe jedes Verb einmal auf.

warten

3 Unterstreiche in den Sätzen alle Nomen blau.
Schreibe jedes Nomen einmal mit Artikel auf.

Tom, die Ampel

4 Ergänze das richtige Satzzeichen.

Kommt Oma heute

Ich möchte mit Oma einen Kuchen backen

Vorsicht, heiß

Sommer

1 Setze die Verben ein.

~~sitzt~~ planscht liegt taucht

Am Ufer sitzt ein kleiner Junge.

Die Mutter ______ mit ihrem Kind im Wasser.

Der Junge ______ auf einer Luftmatratze.

Ein Mädchen ______ unter Wasser.

2 Verbinde die Bilder mit den passenden Baderegeln.

Bade nicht mit vollem Magen!

Springe nie in unbekanntes Gewässer!

Tauche andere nicht unter!

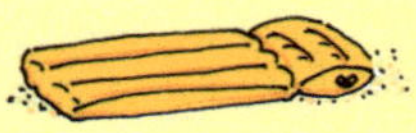

● die Luftmatratze

● die Taucherbrille

● der Badesteg

Botschaften schreiben und entschlüsseln

1 Trage die Textteile an den richtigen Stellen in die Postkarte ein.

~~Liebe Oma,~~

in Italien ist es toll!

Deine Kati

12345 Hohl

Ich bade viel im Meer.

Viele Grüße

Holzstr. 6

Frau Maria Groß

Gestern war ich bei einer Schatzsuche dabei.

Liebe Oma,

cornelsen · post

2 Entschlüssele die geheime Botschaft.

Wortfelder

1 Wortfeld **gehen**: Wir können auf verschiedene Arten gehen.
Schreibe die Verben in die Lücken. Die Zeichen helfen dir.

▲ ~~schleichen~~ ◆ spazieren ■ rennen

Die Indianer schleichen um das Feuer. ▲

Die Kinder ______ hinter dem Ball her. ■

Oma und Lisa ______ durch den Park. ◆

2 Wortfeld **sagen**: Wir können auf verschiedene Arten sprechen.
Schreibe die Verben in die Lücken. Die Zeichen helfen dir.

▲ flüstern ◆ erzählen ■ schreien

Auf dem Fußballplatz ______ alle laut: Toooor! ■

Die Kinder ______ von den Ferien. ◆

Wir ______ uns Geheimnisse ins Ohr. ▲

3 Unterstreiche die Wörter aus dem Wortfeld **sagen** rot.
Unterstreiche die Wörter aus dem Wortfeld **gehen** grün.

bummeln reden rufen laufen schimpfen eilen

fragen wandern rennen piepsen schlurfen brüllen

Zusammengesetzte Nomen

1 Schreibe das zusammengesetzte Nomen auf.

 ● der Apfel +  ● der Kuchen =  ● der Apfelkuchen

 ● die Hand +  ● der Schuh =  ●

 ● der Sand +  ● die Uhr =  ●

 ● der Kopf +  ● das Tuch =  ●

2 Schreibe die Sätze zu Ende.
Unterstreiche die Nomen, die du zusammensetzt.

Die Ferien im Sommer sind die Sommerferien .

Eine Matte für den Strand ist die ______ .

Ein Ball für das Wasser ist ein ______ .

Ein Platz zum Spielen ist ein ______ .

3 Trenne die Nomen.

● das Sommergewitter — der Sommer +

● der Wasserfrosch — ______

● die Abendsonne — ______

4 Finde weitere zusammengesetzte Nomen. Schreibe sie in dein Heft.

Wörter mit doppelten Konsonanten

1 Was gehört zusammen? Verbinde.

○ Schif   ● Kof   ● Schat   ● Fül   ● Wat   ● Wel

fer   ten   fe   le   ler   te

2 Schreibe die Nomen mit ihrem Artikel auf. Setze die Silbenbögen.
Male einen Punkt unter den kurzen Vokal vor den doppelten Konsonanten.

die Schiffe,

3 Setze die doppelten Konsonanten ein: ~~mm~~ ss mm ff nn tt

Es ist So mm er. Papa liegt am Strand.
Die So ___ e brennt vom Hi ___ el.
Auf dem Wa ___ er fährt ein großes Schi ___ .
Die Kinder schwimmen. Mu ___ er liegt im Scha ___ en.

4 Im Text stehen Verben mit doppelten Konsonanten. Unterstreiche sie.

5 Ergänze bei den Verben die doppelten Konsonanten.

ll: rollen   so ___ en   wo ___ en

ss: mü ___ en   kü ___ en   pa ___ en

Hier üben wir

1 Schreibe den Text mit den passenden Wörtern auf.

Am Wasser

Jonas und Paul ______ baden.

Da ruft Paul: „Schau! Das ______!"

Die Buben hören den ______.

Nun ______ sie nicht ins ______.

Was ______ die Buben tun?

wollen

● Wetter

● Donner

können

● Wasser

sollen

Am Wasser

2 Bilde zusammengesetzte Nomen.

Regen

Wasser

die Regenwolke

3. Jo-Jo-Test

Wortstamm

1 Verbinde passende Wortbausteine. Schreibe die Wörter.

hinunter roll en treppe
en
zusammen Roll er schuhe

b, d, g am Wortende

2 Verlängere im Kopf und schreibe dann den fehlenden Buchstaben.

 ● der Kor

 ● der Wal

 ● der Zwer

 ● das Pfer

 ● die Han

 ● der Köni

Wortarten bestimmen

3 Schreibe alle Nomen und alle Verben aus dem Text auf.

Im Frühling schenkt das Mädchen der Tante eine Tulpe.
Die Farbe der Blume leuchtet.
Andi malt eine Narzisse auf ein Blatt Papier.

Nomen:

Verben:

Wörter mit stummem h

4 Wie heißen die Wörter? Schreibe sie auf.

b, d, g am Wortende

5 Schreibe die Nomen mit einem **r** nach dem Vokal auf.

Wortfelder

6 Unterstreiche nur die Wörter, die zum Wortfeld **gehen** passen.

gehen   essen   schlecken   rennen   hüpfen   schleichen   reden

flüstern   humpeln   sprechen   laufen   speisen   bummeln   schlurfen

Wörter mit doppelten Konsonanten

7 Was gehört zusammen? Verbinde.

● Som   ● Kof   ● Son   ● Was   ● Mut   kön   rol   schwim

ne   mer   fer   ter   nen   ser   men   len

8 Schreibe die Verben aus Aufgabe 7 auf.
Markiere die doppelten Konsonanten.

Ich liebe Bücher

1 Schreibe die Sätze zu Ende. Die Bilder helfen dir.

Der Titel von Tims Buch ist ______

Die Autorin, die es geschrieben hat, heißt ______

Der Illustrator, der die Bilder gemalt hat, heißt ______

Tims Buch erzählt von einem ______

Wahrscheinlich heißt das Monster so, weil es ______

2 Hast du ein Lieblingsbuch? Schreibe auf.

Titel: ______

Autorin oder Autor: ______

Illustratorin oder Illustrator: ______

Es handelt von ______

______

Geschichten entwickeln

1 Räuber Knotter ist in die Schule eingebrochen.
Seine Geschichte ist durcheinandergeraten.
Nummeriere die Absätze
in der richtigen Reihenfolge.
Die Fragen helfen dir dabei.

Was steckte Räuber Knotter in der Schule in seinen Sack?

Warum nahm er alle Buchstaben mit?

Warum ging Räuber Knotter wieder in die Schule?

Was taten die Kinder?

Die Kinder hatten großes Mitleid mit dem Räuber. Sie brachten ihm das Lesen bei.

In seinen Sack steckte er alle Buchstaben.

Ohne Hilfe konnte er nicht lesen lernen. Deshalb brachte er alle Buchstaben wieder zurück.

Er wollte mit Hilfe der Buchstaben unbedingt lesen lernen. Aber Räuber Knotter kannte keinen einzigen Buchstaben.

2 Finde eine passende Überschrift.

Wörter mit besonderer Schreibweise

1 Lies die Geschichte. Ergänze die passenden Wörter.

~~Hexe~~ | Cent | Computer | heiße | Handy | Straße | Füße | Clown | Spaß

Die Hexe Lilli vermisst ihren Besen.

Sie bittet Detektiv Hellkopf: „Bitte finden Sie den Besen!

Ich gebe Ihnen dafür meinen letzten ______!“

Der Detektiv beginnt seine Suche am ______.

Rasch hat er eine ______ Spur.

Er flüstert in sein ______: „Ich komme gleich.“

Auf der ______ zeigt er den Leuten ein Foto.

Er fragt: „Kennen Sie diesen Mann?

Er hat eine rote Nase und große ______.“

Ein Mädchen antwortet: „Das ist der ______ Pedro!

Er macht immer so viel ______.“

2 Markiere in deinen Wörtern in Aufgabe 1 die schwierige Stelle.

3 Suche in der Wörterliste weitere schwierige Wörter. Schreibe sie auf.

______

Wörter mit ck und tz

1 Schreibe die Buchtitel ab.

Die Schatzinsel

Die Schnecke und der Buckelwal

Der Räuber Hotzenplotz

Hans im Glück

Max und Moritz

Der Sonnenwecker

Die dicke Katze

Hans sitzt im Baumhaus

Die Schatzinsel

2 Markiere in den Buchtiteln **ck** und **tz**.
Zeichne unter die kurzen Vokale vor **ck** und **tz** einen Punkt.

Hörst du nach einem kurzen Vokal oder Umlaut ein k, schreibst du ck.
Hörst du z, schreibst du tz: die Brücke, backen, die Katze, sitzen.

3 Schreibe die Nomen zu den Bildern auf. Denke an **ck** oder **tz**.

Texte in unterschiedlichen Medien

1 Die Kinder lieben spannende Geschichten.
Beschreibe, wie sie die Geschichten kennen lernen.

vorlesen   Film   liest   Hörbuch

Lea liegt im Bett. Sie lässt sich von Oma die Geschichte vorlesen.

Hanna ist im Garten. Sie hört die Geschichte als ____________.

Sofia sitzt im Sessel. Sie sieht die Geschichte als ____________.

Max ____________ die Geschichte in einem Buch.

2 Ordne zu.

Lesebuch

Sachbuch

Bilderbuch

Hörbuch

Film

Zu einem Buch oder einer Figur schreiben

1 Ordne die Sätze den Bildern aus „Shaun das Schaf“ zu.

[ ] Aus der Scheune kamen die Schafe. Sie gingen auf die Außerirdischen zu. Die Gäste hatten eine Bitte.

[1] Ein Ufo flog auf die Schafscheune zu.

[ ] Zwei Außerirdische sprangen nacheinander aus dem Ufo. Sie schauten sich um.

2 Wie könnte die Geschichte weitergehen? Schreibe und male.

3 Überlege dir eine passende Überschrift.

Wörterliste

A/a

aber
al|le
als
al|so
die Amei|se, die Amei|sen
ant|wor|ten, er ant|wor|tet
der der Ap|fel , die Äp|fel
der Ap|ril
ar|bei|ten, sie ar|bei|tet
auf
die Auf|ga|be, die Auf|ga|ben
das Au|ge, die Au|gen
der Au|gust
aus
das Au|to, die Au|tos

B/b

das Ba|by, die Ba|bys
ba|cken, er bäckt
ba|den, sie ba|det
die Bank, die Bän|ke
der Bart, die Bär|te
bau|en, er baut
der Baum, die Bäu|me
bei
das Bett, die Bet|ten
die Bie|ne, die Bie|nen
das Bild, die Bil|der
die Bir|ne, die Bir|nen
bit|ten, sie bit|tet
blau
blei|ben, er bleibt
blü|hen, sie blüht
die Blu|me, die Blu|men
die Blü|te, die Blü|ten
bö|se
brau|chen, sie braucht
braun
der Brief, die Brie|fe
brin|gen, er bringt
das Brot, die Bro|te
der Bru|der, die Brü|der
der Bub, die Bu|ben
das Buch, die Bü|cher
bunt
die Burg, die Bur|gen

C/c

der Cent, die Cents
der Clown, die Clowns
der Com|pu|ter, die Com|pu|ter

D/d

da
dan|ken, sie dankt
das
de|cken, er deckt
den|ken, er denkt
der
des
der De|zem|ber
dich
dick
die
der Diens|tag, die Diens|ta|ge
die|se
dir
doch
der Don|ners|tag,
die Don|ners|ta|ge

die Do|se, die Do|sen
du
dun|kel
durch
dür|fen, sie darf

E/e

das Ei, die Ei|er
das Eis
die E-Mail, die E-Mails
das En|de, die En|den
eng
die En|te, die En|ten
er
er|zäh|len, sie er|zählt
es
der Esel, die Esel
es|sen, er isst
der Eu|ro, die Eu|ros

F/f

fah|ren, sie fährt
fan|gen, er fängt
der Fe|bru|ar
die Fe|der, die Fe|dern
feh|len, sie fehlt
der Feh|ler, die Feh|ler
fein
das Feld, die Fel|der
das Fens|ter, die Fens|ter
das Feu|er, die Feu|er
fin|den, er fin|det
flie|gen, er fliegt
der Flü|gel, die Flü|gel
fra|gen, sie fragt
die Frau, die Frau|en
der Frei|tag, die Frei|ta|ge
freu|en, er freut sich
der Freund, die Freun|de
frisch
der Früh|ling
das Früh|stück
der Fül|ler, die Fül|ler
für
der Fuß, die Fü|ße

G/g

die Ga|bel, die Ga|beln
der Gar|ten, die Gär|ten
ge|ben, er gibt
ge|hen, sie geht
gelb, gel|be
das Ge|mü|se
ge|sund, ge|sun|de
das Glas, die Glä|ser
das Gras, die Grä|ser
groß
grün
gut

H/h

ha|ben, du hast, er hat
der Hai, die Haie
die Hand, die Hän|de
hän|gen, er hängt
hart
der Ha|se, die Ha|sen
das Haus, die Häu|ser
das Heft, die Hef|te
heiß
hei|ßen
hel|fen, er hilft
her
der Herbst

heu|te
hier
die He|xe, die He|xen
der Him|mel, die Him|mel
hin|ter
hoch
ho|len, sie holt
hö|ren, er hört
die Ho|se, die Ho|sen
der Hund, die Hun|de

I/i

ich
der Igel, die Igel
ihm
ihn
ih|nen
ihr
im
im|mer
in
er **ist**

J/j

ja
das Jahr, die Jah|re
der Ja|nu|ar
der Ju|li
der Jun|ge, die Jun|gen
der Ju|ni

K/k

der Kai|ser, die Kai|ser
kalt
die Kat|ze, die Kat|zen
ken|nen, er kennt
die Ker|ze, die Ker|zen
das Kind, die Kin|der
die Kis|te, die Kis|ten
die Klas|se, die Klas|sen
das Kleid, die Klei|der
klein
kön|nen, sie kann
der Kopf, die Köp|fe
krank
der Kür|bis, die Kür|bis|se
küs|sen, er küsst

L/l

lang
lang|sam
las|sen, sie lässt
lau|fen, er läuft
laut
le|ben, sie lebt
le|gen, er legt
der Leh|rer, die Leh|rer
die Leh|re|rin, die Leh|re|rin|nen
leicht
lei|se
ler|nen, sie lernt
le|sen, er liest
die Leu|te
lie|ben, er liebt
das Lied, die Lie|der
lie|gen, sie liegt
das Li|ne|al, die Li|nea|le
der Löf|fel, die Löf|fel
der Lö|we, die Lö|wen
lus|tig

M/m

ma|chen, er **macht**
das Mäd|chen, die Mäd|chen
der Mai
ma|len, sie **malt**
der Mann, die Män|ner
der März
die Maus, die Mäu|se
das Mes|ser, die Mes|ser
mit
die Mit|te
der Mitt|woch, die Mitt|wo|che
der Mo|nat, die Mo|na|te
der Mon|tag, die Mon|ta|ge
mor|gen
müs|sen, er **muss**
die Mut|ter, die Müt|ter

N/n

nach
die Nacht, die Näch|te
die Na|del, die Na|deln
der Na|me, die Na|men
der Ne|bel, die Ne|bel
neh|men, sie nimmt
nein
neu
nicht
der No|vem|ber
nun

O/o

oder
der Ok|to|ber
die Oma, die Omas
der On|kel, die On|kel
der Opa, die Opas

P/p

der Part|ner, die Part|ner
das Pferd, die Pfer|de
die Pflan|ze, die Pflan|zen
pflan|zen, er pflanzt
der Pin|sel, die Pin|sel

Qu/qu

das Qua|drat, die Qua|dra|te
der Quatsch
die Quelle

R/r

der Ra|be, die Ra|ben
die Rau|pe, die Rau|pen
rech|nen, sie **rech|net**
re|den, er **re|det**
der Re|gen
rei|sen, sie **reist**
der Ring, die Rin|ge
rol|len, er **rollt**
rot
ru|fen, sie **ruft**
rund

S/s

sa|gen, er **sagt**
das Salz
der Sams|tag, die Sams|ta|ge
der Satz, die Sät|ze
das Schaf, die Scha|fe
schei|nen, es **scheint**
die Sche|re, die Sche|ren
schla|fen, sie **schläft**

schmü|cken, sie schmückt
der Schnee
schnei|den, er **schnei|det**
schon
schön
schrei|ben, sie **schreibt**
die Schu|le, die Schu|len
schwarz
schwer
die Schwes|ter, die Schwes|tern
schwim|men, sie schwimmt
sehr
die Sei|fe, die Sei|fen
sein, er ist, wir sind
der Sep|tem|ber
sie
sie|ben, sie **siebt**
sind
sin|gen, er **singt**
sit|zen, sie **sitzt**
so
sol|len, er **soll**
der Som|mer, die Som|mer
die Son|ne, die Son|nen
der Sonn|tag, die Sonn|ta|ge
spa|ren, sie **spart**
spät
das Spiel, die Spie|le
spie|len, er **spielt**
spitz
der Sport
spre|chen, sie **spricht**
ste|hen, sie steht
der Stein, die Stei|ne
der Stern, die Ster|ne
der Stift, die Stif|te
die Stun|de, die Stun|den
su|chen, er **sucht**

T/t

die Ta|fel, die Ta|feln
der Tag, die Ta|ge
die Tan|te, die Tan|ten
die Ta|sche, die Ta|schen
der Tee
der Teig
das Te|le|fon, die Te|le|fo|ne
der Tel|ler, die Tel|ler
der Text, die Tex|te
das Tier, die Tie|re
der Tisch, die Ti|sche
die To|ma|te, die To|ma|ten
tra|gen, er **trägt**
der Traum, die Träu|me
träu|men, er träumt
trin|ken, sie **trinkt**
tun, er tut
tur|nen, sie **turnt**
die Tür, die Tü|ren

U/u

üben, er **übt**
über
über|le|gen, sie über|legt
die Übung, die Übun|gen
die Uhr, die Uh|ren
um
und

V/v

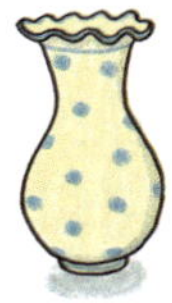

die Va|se, die Va|sen
der Va|ter, die Vä|ter
viel, vie|le
vier
der Vo|gel, die Vö|gel
voll
vom
von
vor

W/w

war|ten, sie war|tet
was
das Was|ser
der We|cker, die We|cker
der Weg, die We|ge
das Weih|nach|ten
weil
weit
wei|ter
wer
wie|der
die Wie|se, die Wie|sen
wild
der Wind, die Win|de
der Win|ter, die Win|ter
wir
wo
die Wo|che, die Wo|chen
der Wolf, die Wöl|fe
die Wol|ke, die Wol|ken
wol|len, er will
das Wort, die Wör|ter
wün|schen, sie wünscht
die Wur|zel, die Wur|zeln

Z/z

die Zahl, die Zah|len
zah|len, er zahlt
zäh|len, sie zählt
der Zahn, die Zäh|ne
zei|gen, er zeigt
die Zeit, die Zei|ten
die Zie|ge, die Zie|gen
zwei

Wichtige Fachbegriffe

		Seite
Adjektive	Wörter, die sagen, wie etwas ist, nennt man **Adjektive**: klein, rot, schön.	32, 33
Artikel	Nomen haben einen Begleiter. Sie heißen **Artikel**. **Artikel der, die, das**: **der** Teller, **die** Suppe, **das** Glas. **Artikel ein, eine**: **ein** Mond, **eine** Sonne.	12, 13
Einzahl und Mehrzahl	Nomen gibt es in der **Einzahl** und in der **Mehrzahl**. Der Artikel in der Mehrzahl heißt immer **die**: das Brot – **die** Brote, der Apfel – **die** Äpfel.	38
Nomen	Wörter für Menschen, Tiere, Pflanzen und Dinge nennt man Nomen. Nomen werden immer großgeschrieben: **K**ind, **T**iger, **T**ulpe, **B**all. Manche Nomen kann man zusammensetzen.	6, 7, 77

Satz, Satzarten und Satzzeichen	Am Satzanfang schreibt man **groß**. Nach **Aussagesätzen** steht ein Punkt: Ich bin müde**.** Nach **Fragesätzen** steht ein Fragezeichen: Wo ist Tom**?** Nach **Ausrufen** steht ein Ausrufezeichen: Au**!** **Punkt**, **Fragezeichen** und **Ausrufezeichen** sind **Satzzeichen**.	26, 27, 71

		Seite
Silbe	Jedes Wort setzt sich aus Wortbausteinen zusammen. Einen Wortbaustein nennt man **Silbe**: **Blu**me, **lau**fen.	8
Überschrift, Zeilen, Absätze und Spalten	Viele Texte haben eine **Überschrift**, **Zeilen**, **Absätze** und **Spalten**. Sie helfen uns den Text leichter zu lesen und verstehen.	69
Umlaute	Man nennt ä, ö, ü Umlaute. Viele Wörter mit Umlaut haben ein verwandtes Wort mit Vokal: F**ä**sser, zw**ö**lf, w**ü**nschen.	39, 40
Verben	**Verben** sagen, was Menschen, Tiere, Pflanzen und Dinge tun. Im Wörterbuch stehen sie in der Grundform: rennen, spielen, fliegen. Sie verändern sich, wenn man **ich**, **du**, **er/sie/es**, **ihr**, **wir**, **sie** davor setzt: **spielen** – **ich** spiel**e**, **du** spiel**st**, **er** spiel**t**, …	18

		Seite
Vokal und Konsonant	**a, e, i, o, u** sind Laute, die von allein klingen. Sie heißen **Vokale**. In jeder Silbe steckt ein Vokal: F**i**sch, K**a**m**e**l. Alle anderen Laute im ABC nennt man **Konsonanten**. Sie klingen nicht allein.	19, 20, 78
Wortart	Artikel, Nomen und Verben sind **Wortarten**. Sätze werden aus Wortarten gebildet.	70
Wortbaustein	Wörter bestehen aus **Wortbausteinen**. Die Wortbausteine ver-, vor- , un- stehen häufig am Wortanfang: **ver**stecken, **vor**lesen, **un**sichtbar. Die Wortbausteine -en, -er, -el stehen häufig am Wortende: lach**en**, der Wint**er**, dunk**el**.	44, 45

Wortstamm	Jedes Wort hat einen Wortstamm. Dieser Wortbaustein bleibt meist gleich. Verwandte Wörter haben den gleichen Wortstamm: ein**pflanz**en, Topf**pflanz**e, **Pflanz**enname.	64
Zwielaute	Man nennt **au, eu, ei, ai Zwielaute**, weil sie aus **zwei** Lauten bestehen. Zwielaute dürfen nicht getrennt werden: der B**au**m, fr**eu**en, die S**ei**fe, der K**ai**ser.	34